2018 개편 국어 교과서

원고지 쓰기를 겸한
글씨 바로 쓰기

4-1

편집부편

와이 앤 엠

차 례

2018 개편 국어 교과서

원고지 쓰기를 겸한

글씨 바로 쓰기

4-1

글을 읽고 다음에 예쁘게 따라 써 봅시다.

꽃씨

국어 가-34쪽

김완기

몰래

겨울을 녹이면서

봄비가 내려와 앉으면

꽃씨는

땅속에 살짝 돌아누우며

눈을 뜹니다.

봄을 기다리는 아이들은

쏘옥

손가락을 집어넣어 봅니다.

꽃씨는 저쪽에서

고개를 빠끔

얄밉게 숨겨 두었던

파란 손을 내밉니다.

🧽 글씨를 예쁘게 따라 써 봅시다.

꽃씨
꽃씨

김완기
김완기

몰래
몰래

겨울을 녹이면서
겨울을 녹이면서

시는 두 칸을 들여 쓰고,
이어써야 할 때는 한 칸만
들여씁니다.

봄비가　내려와

봄비가　내려와

　앉으면

　앉으면

　꽃씨는

　꽃씨는

　땅속에　살짝　돌

땅속에　살짝　돌

아누우며
아누우며

눈을　뜹니다.
눈을　뜹니다.

봄을　기다리는
봄을　기다리는

아이들은
아이들은

쏘옥

손가락을 집어넣

어 봅니다.

글씨를 예쁘게 따라 써 봅시다.

		꽃	씨	는		저	쪽	에	서
		꽃	씨	는		저	쪽	에	서
	고	개	를		빠	끔			
	고	개	를		빠	끔			
		얄	밉	게		숨	겨		두
		얄	밉	게		숨	겨		두
	었	던							
	었	던							
		파	란		손	을		내	밀

10

글을 읽고 다음에 예쁘게 따라 써 봅시다.

등 굽은 나무

국어 가 − 36쪽

김철순

텅 빈 운동장을

혼자 걸어 나오는데

운동장가에 있던 나무가

등을 구부리며

말타기놀이 하잔다

얼른 올라타라고

등을 내민다

내가 올라타자

따그닥따그닥

달린다

학교 앞 문방구를 지나서

네거리를 지나서

우리 집을 지나서

달린다

달리고 또 달린다

차보다 빠르다

어, 어, 어,

구름 위를 달린다

비행기보다 빠르다

저 밑의 집들이

점점 작게 보인다

"성민아, 뭐 해?"

은찬이가 부르는 소리에

말은 그만

걸음을 뚝, 멈춘다

아깝다,

 달나라까지도 갈 수 있었는데

✏️ 글씨를 예쁘게 따라 써 봅시다.

등 굽은 나무

등 굽은 나무

김철순

김철순

텅 빈 운동장을

텅 빈 운동장을

혼자 걸어 나오

혼자 걸어 나오

는데

운동장가에 있던

나무가

등을 구부리며

말타기놀이 하잔

글씨를 예쁘게 따라 써 봅시다.

말타기놀이 하잔

다
다

얼른 올라타라고
얼른 올라타라고

등을 내민다
등을 내민다

내가 올라타자
내가 올라타자

따그닥따그닥
따그닥따그닥

달린다
달린다

학교 앞 문방구
학교 앞 문방구

글씨를 예쁘게 따라 써 봅시다.

를 지나서

를 지나서

네거리를 지나서

네거리를 지나서

우리 집을 지나

우리 집을 지나

서

서

달린다

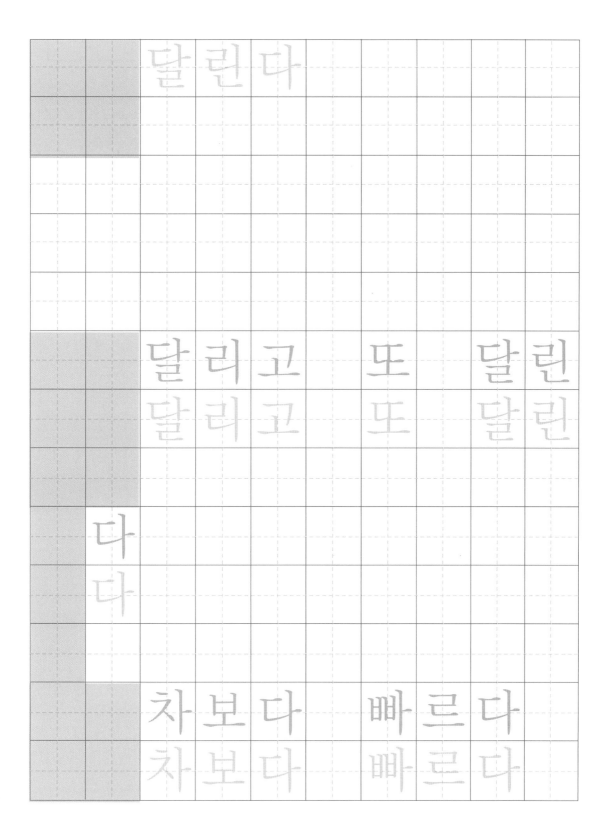

달린다

달리고 또 달린
다

차보다 빠르다

글씨를 예쁘게 따라 써 봅시다.

어,　　어,　　어,
어,　　어,　　어,

구름　위를　달린
구름　위를　달린

다
다

비행기보다　빠르
비행기보다　빠르

다
다

저 밑의 집들이
저 밑의 집들이

점점 작게 보인
점점 작게 보인

다
다

1.제목 쓰기

▌제목은 첫째 줄을 비우고 둘째 줄의 중앙에 씁니다.

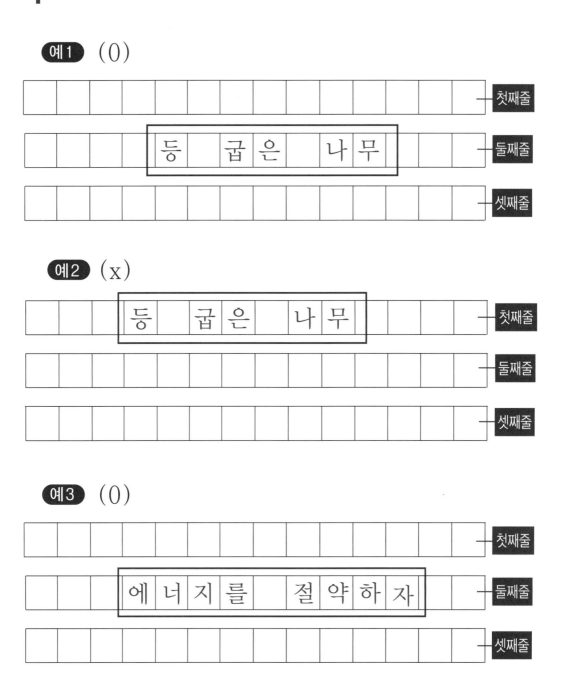

예4 (x)

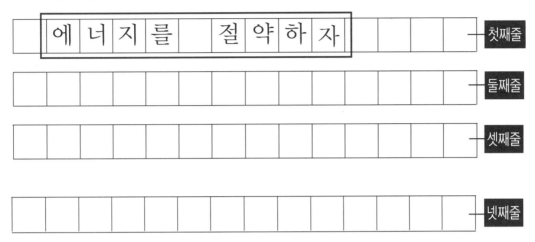

| | 에 | 너 | 지 | 를 | | 절 | 약 | 하 | 자 | | | | |← 첫째줄

둘째줄

셋째줄

넷째줄

▌글의 종류는 첫째 줄에 한 칸을 들여씁니다.

예1 (0)

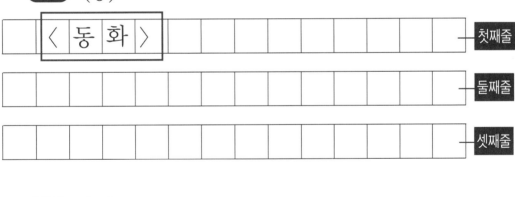

| | 〈 | 동 | 화 | 〉 | | | | | | | | | |← 첫째줄

둘째줄

셋째줄

예2 (x)

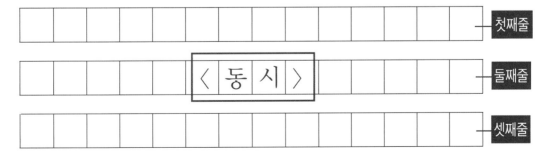

첫째줄

| | | | | | | 〈 | 동 | 시 | 〉 | | | | |← 둘째줄

셋째줄

2.소속 쓰기

학교, 반, 이름 등은 제목 아래에서 한 줄 비우고 다음 칸에 씁니다. 이때 이름은 오른쪽 두 칸을 비우도록 해야 합니다.

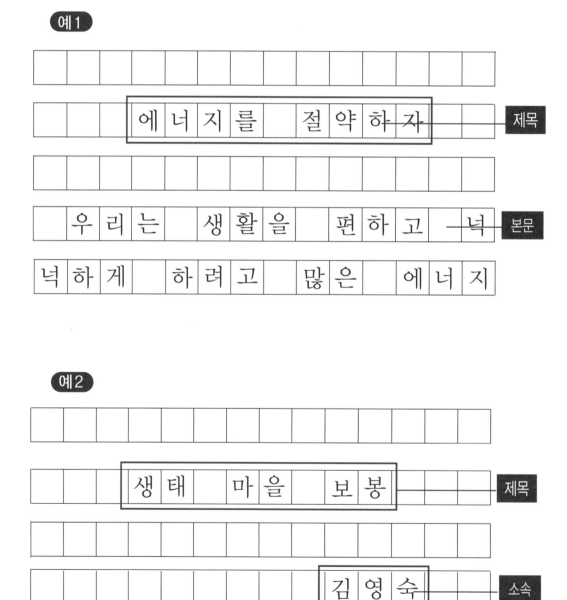

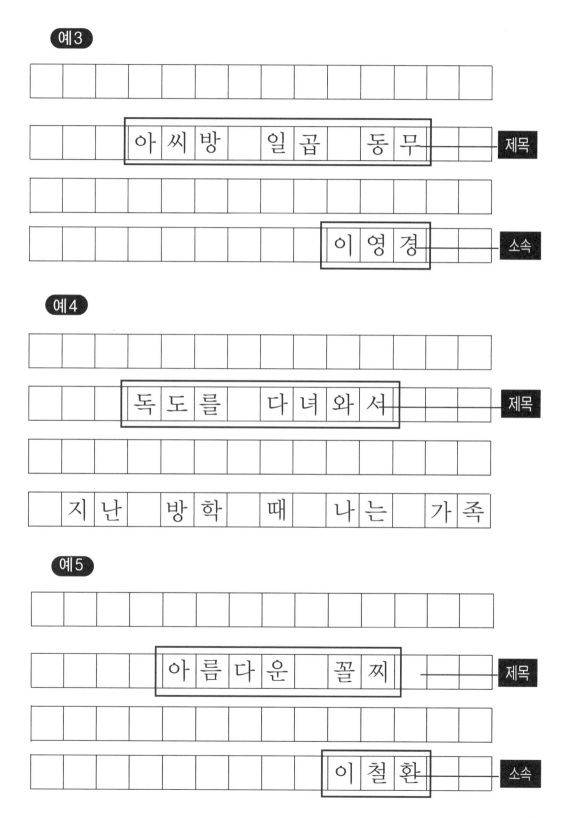

예3

아씨방 일곱 동무 — 제목

이영경 — 소속

예4

독도를 다녀와서 — 제목

지난 방학 때 나는 가족

예5

아름다운 꼴찌 — 제목

이철환 — 소속

글을 읽고 다음에 예쁘게 따라 써 봅시다.

국어 가-46쪽

의심

현덕

어쩌다가 노마는 유리구슬 한 개를 잃어버렸습니다. 아주 이쁘게 생긴 파란 구슬인데요, 어디서 어떻게 하다 잃었는지 아무리 생각해도 모르겠습니다. 아마 토끼처럼 깡충깡충 뛰고 놀다가 흘렸나 하고 우물둔덕에도 가 보았습니다. 거기도 없습니다. 영이하고 나뭇잎을 줍다가 흘렸나 하고 집 뒤 버드나무 밑에도 가 보았습니다. 거기도 없습니다. 아무리 찾아도 연기처럼 아주 없어진 듯이 구슬은 간 데를 모르겠습니다.

하지만 유리구슬은 연기나 그런 것이 아니니까 아주 없어질 리는 없는데요, 이렇게 아무리 찾아도 없을 때엔 아마 누가 집어서 제 것처럼 가졌나 봅니다.

그러다가 노마는 담 모퉁이에서 기동이를 만났습니다.

그리고 노마는 기동이 아래위를 보다가 입을 열어 물

26

었습니다.

"너, 내 구슬 봤니?"

"무슨 구슬 말야?"

"파란 유리구슬 말야."

"난 못 봤다."

그러나 노마는 그 말을 정말로 듣지 않나 봅니다. 여전
히 기동이 조끼 주머니를 보고, 두 손을 보고 합니다.

그러다가 노마는 입을 열어 또 물었습니다.

"너, 구슬 가진 것 좀 보자."

"그건 봐 뭣 해."

"보면 어때."

"봐 뭣 해."

하고 기동이는 조끼 주머니를 손으로 가립니다.

정말 기동이가 그 구슬을 얻어 제 것처럼 가졌나 봅니다. 아니면 선선하게 보이지 못할 게 뭡니까.

노마는 더욱 의심이 났습니다. 그래서,

"내가 잃어버린 구슬 네가 집었지?"

"언제 네 구슬을 내가 집었어?"

"그럼 보여 주지 못할 게 뭐야?"

그제는 기동이도 하는 수 없나 봅니다. "자아." 하고 조끼 주머니에서 구슬을 꺼내 보입니다. 하나를 꺼냅니다. 둘을 꺼냅니다. 셋, 다섯도 넘습니다. 모두 똑같은 모양, 똑같은 빛깔입니다. 노마가 잃어버린, 모두 똑같은 그런 파란 유리구슬입니다.

어쩌면 그중에 노마가 잃어버린 구슬이 섞여 있을 성싶습니다. 그래서 노마는,

"너, 이 구슬 다 어디서 났니?"

"어디서 나긴 어디서 나, 다섯 개는 가게서 사고 한 개는 영이가 준 건데, 뭐."

"거짓부렁. 영이가 널 구슬을 왜 줘?"

"그럼 영이한테 가서 물어봐."

글씨를 예쁘게 따라 써 봅시다.

의심
의심

현덕
현덕

어찌다가
어찌다가

노마는
노마는

유리구슬 한 개를
유리구슬 한 개를

글씨를 예쁘게 따라 써 봅시다.

잃어버렸습니다. 아주

이쁘게 생긴 파란

구슬인데요, 어디서

어떻게 하다 잃었는

지 아무리 생각해도

지 아무리 생각해도

모르겠습니다. 아마
모르겠습니다. 아마

토끼처럼 깡충깡충
토끼처럼 깡충깡충

뛰고 놀다가 흘렸나
뛰고 놀다가 흘렸나

하고 우물둔덕에도
하고 우물둔덕에도

가　보았습니다.　거기

도　없습니다.　영이하

고　나뭇잎을　줍다가

흘렸나　하고　집　뒤

버드나무 밑에도 가

보았습니다. 거기도

없습니다. 아무리 찾

아도 연기처럼 아주

없어진 듯이 구슬은

글씨를 예쁘게 따라 써 봅시다.

없어진 듯이 구슬은

간 데를 모르겠습니
간 데를 모르겠습니

다.
다.

하지만 유리구슬은
하지만 유리구슬은

연기나 그런 것이
연기나 그런 것이

34

아니니까 아주 없어

질 리는 없는데요,

이렇게 아무리 찾아

도 없을 때엔 아마

누가 집어서 제 껏

처럼 가졌나 봅니다,

그러다가 노마는

담 모퉁이에서 기둥

이를 만났습니다.

이를 만났습니다.

그리고 노마는 기
그리고 노마는 기

동이 아래위를 보다
동이 아래위를 보다

가 입을 열어 물었
가 입을 열어 물었

습니다.
습니다.

문장이 원고지의 끝칸에서 끝날을 경우, 부호는 원고지 밖에 써도 됩니다.

✏️ 글씨를 예쁘게 따라 써 봅시다.

"너, 내 구슬 봤
"너, 내 구슬 봤

니?"
니?"

"무슨 구슬 말야?"
"무슨 구슬 말야?"

"파란 유리구슬
"파란 유리구슬

38

말야."

"난 못 봤다."

그러나 노마는 그

말을 정말로 듣지

않나 봅니다. 여전히

않나 봅니다. 여전히

기동이 조끼 주머니
기동이 조끼 주머니

를 보고, 두 손을
를 보고, 두 손을

보고 합니다.
보고 합니다.

그러다가 노마는
그러다가 노마는

입을 열어 또 물었

습니다.

　　"너, 구슬 가진

짓 좀 보자."

✏️ 글씨를 예쁘게 따라 써 봅시다.

"그건 봐 뭣 해."
"그건 봐 뭣 해."

"보면 어때."
"보면 어때."

"봐 뭣 해."
"봐 뭣 해."

하고 기동이는 조끼
하고 기동이는 조끼

주머니를 손으로 가

주머니를 손으로 가
립니다.

정말 기둥이가 그
구슬을 얻어 제 것
처럼 가졌나 봅니다.

글씨를 예쁘게 따라 써 봅시다.

아니면　선선하게　보

이지　못할　게　뭡니

까.

노마는　더욱　의심

이 났습니다. 그래서,

이 났습니다. 그래서,

"내가 잃어버린

"내가 잃어버린

구슬 네가 집었지?"

구슬 네가 집었지?"

"언제 네 구슬을

"언제 네 구슬을

내가 집었어?"

글씨를 예쁘게 따라 써 봅시다.

내가　집었어?"

"그럼　보여　주지

못할　게　뭐야?"

그제는　기둥이도

하는　수　없나　봅니

46

다. "자아." 하고

조끼 주머니에서 구

슬을 꺼내 보입니다.

하나를 꺼냅니다. 둘

을　꺼냅니다.　셋,　다

섯도　넘습니다.　모두

똑같은　모양,　똑같은

빛깔입니다.　노마가

잃어버린,　모두　똑같

48

잃어버린, 모두 똑같

은 그런 파란 유리
은 그런 파란 유리

구슬입니다.
구슬입니다.

어쩌면 그중에 노
어쩌면 그중에 노

마가 잃어버린 구슬
마가 잃어버린 구슬

3. 본문 쓰기(1)

▌본문은 소속 다음에 한 줄을 띄고 쓰며, 이때 첫째 칸을 비우고
둘째 칸부터 씁니다.

예1

		돈	은		왜		만	들	었	을	까	?	

← 제목

									김	성	호		

← 소속

	돈	이		없	어	도		전	혀		불	편	하
지		않	았	던		시	절	이		있	었	어	요.
우	르	르		몰	려	다	니	며		짐	승	을	
사	냥	해	서		먹	거	나		나	무		열	매
와		식	물	을		채	집	해	서		먹	으	며
동	굴	에	서		잠	을		자	던		원	시	시

← 본문

50

예2

생태 마을 보봉 — 제목

김영숙 — 소속

　보봉은 독일에 있는 생태 마을로, 태양 에너지, 녹색 교통, 주민 자치 등 환경 — 본문 정책이 두루 잘 실현되고 있는 곳입니다. 보봉은 1992년까지 군대가 있던 곳이었습니다. 군대가 철수하고 난 뒤 마을 사람들은 이 지역

4. 앞칸 비우기

글이 처음 시작될 때, 첫째 칸을 비우고 둘째 칸부터 씁니다.

예1 (0)

	지	난		방	학		때		나	는		가	족
과		함	께		독	도	를		다	녀	왔	다	.
평	소	에		독	도	에		관	심	이		많	아
독	도	에		대	한		책	도		읽	고		사
진	도		여	러		장		찾	아	보	았	다	.

문단이 바뀌어 다음 문단이 시작할 때도 첫째 칸을 비우고 둘째 칸부터 씁니다. 이때 앞 문단의 빈칸은 채우지 않고 비워둡니다.

예2 (x)

지	난		방	학		때		나	는		가	족	과
함	께		독	도	를		다	녀	왔	다	.	평	소
에		독	도	에		관	심	이		많	아		독
도	에		대	한		책	도		읽	고		사	진

여기서 셋째 줄의 '독도는 화산섬이라서…' 는, 문단이 바뀌므로 둘째 칸에서부터 써야 합니다.

예3 (0)

습	새	,	바	다	제	비	를		직	접		보	니
신	기	하	기	만		했	다	.					
	독	도	는		화	산	섬	이	라	서		식	물
이		잘		자	라	기		힘	든		곳	이	다.
이	러	한		자	연		환	경	에	서 도		번	
행	초	,	괭	이	밥	,	쇠	비	름		같	은	

예4 (x)

습	새	,	바	다	제	비	를		직	접		보	니
신	기	하	기	만		했	다	.					
독	도	는		화	산	섬	이	라	서		식	물	이
잘		자	라	기		힘	든		곳	이	다	.	이
러	한		자	연		환	경	에	서 도		번	행	
초	,	괭	이	밥	,	쇠	비	름		같	은		풀

53

글을 읽고 다음에 예쁘게 따라 써 봅시다.

국어 가-83쪽

에너지를 절약하자

우리는 생활을 편하고 넉넉하게 하려고 많은 에너지 자원을 사용하고 있다. 음식을 만들거나 집을 따뜻하게 하고 불을 밝히려고 가스나 전기를 쓴다. 또 자동차를 타고 다니려면 석유가 필요하며 공장에서 생활에 필요한 물건을 만들 때에도 전기를 사용한다.

석탄, 석유, 가스, 전기 같은 에너지 자원은 한없이 있는 것이 아니다. 다 쓰고 나면 더는 에너지 자원을 구할 수 없게 된다. 특히 석유는 우리나라에서는 나지 않아 외국에서 수입해 오고 있다. 이처럼 중요한 에너지를 어떻게 절약해야 할까?

에너지를 절약하는 것은 그리 어렵지 않다. 관심을 가지고 내가 할 수 있는 작은 일부터 실천하면 된다.

우리가 에너지를 절약하는 방법은 두 가지로 나눌 수 있다. 먼저, 에너지를 불필요하게 사용하지 않는 것이다. 쓰지 않는 꽂개는 반드시 뽑아 놓고, 빈방에 켜 놓은 전깃불은 끈다.그리고 뜨거운 음식은 식힌 뒤에 냉장고에 넣는다.

다음은, 에너지 사용을 줄이는 것이다. 가전제품은 에너지 효율이 높은 것을 쓰고, 조명기구는 전기가 적게 드는 제품을 사용한다. 한여름에는 냉방기를 적게 쓰고 겨울에도 난방 기구를 덜 쓰도록 노력해야 한다.

지금까지 에너지 절약 방법을 알아보았다. 에너지 절약은 말로 하는 것이 아니다. 생활 속에서 바로 실천해야 한다.

에너지를 절약하자
에너지를 절약하자

우리는 생활을 편
우리는 생활을 편

하고 넉넉하게 하려
하고 넉넉하게 하려

고 많은 에너지 자
고 많은 에너지 자

원을 사용하고 있다.

음식을 만들거나 집

을 따뜻하게 하고

불을 밝히려고 가스

나 전기를 쓴다. 또

글씨를 예쁘게 따라 써 봅시다.

나 전기를 쓴다. 또

자동차를 타고 다니

려면 석유가 필요하

며 공장에서 생활에

필요한 물건을 만들

때에도 전기를 사용
한다.

석탄, 석유, 가스,
전기 같은 에너지

59

자	원	은		한	없	이		있	는
자	원	은		한	없	이		있	는
것	이		아	니	다	.		다	쓰
것	이		아	니	다	.		다	쓰
고		나	면		더	는		에	너
고		나	면		더	는		에	너
지		자	원	을		구	할		수
지		자	원	을		구	할		수
없	게		된	다	.		특	히	석

60

없게 된다. 특히 석

유는 우리나라에서는
유는 우리나라에서는

나지 않아 외국에서
나지 않아 외국에서

수입해 오고 있다.
수입해 오고 있다.

이처럼 중요한 에너
이처럼 중요한 에너

글씨를 예쁘게 따라 써 봅시다.

지를　어떻게　절약해

야　할까?

에너지를　절약하는

것은　그리　어렵지

않다. 관심을 가지고

내가 할 수 있는

작은 일부터 실천하

면 된다.

우리가 에너지를

우리가 에너지를

절약하는 방법은 두
절약하는 방법은 두

가지로 나눌 수 있
가지로 나눌 수 있

다. 먼저, 에너지를
다. 먼저, 에너지를

불필요하게 사용하지
불필요하게 사용하지

않는 것이다. 쓰지
않는 꽂개는 반드시
뽑아 놓고, 빈방에
켜 놓은 전깃불은

글씨를 예쁘게 따라 써 봅시다.

끈다. 그리고 뜨거운

음식은 식힌 뒤에

냉장고에 넣는다.

다음은, 에너지 사

용을 줄이는 것이다.

용을 줄이는 것이다.

가전제품은 에너지

효율이 높은 것을

쓰고, 조명 기구는

전기가 적게 드는

제품을 사용한다. 한
제품을 사용한다. 한

여름에는 냉방기를
여름에는 냉방기를

적게 쓰고 겨울에도
적게 쓰고 겨울에도

난방 기구를 덜 쓰
난방 기구를 덜 쓰

도록 노력해야 한다.

지금까지 에너지

절약 방법을 알아보

았다. 에너지 절약은

말로 하는 것이 아

69

4. 본문 쓰기(2)

끝 칸에서 낱말이 끝나고 한 칸을 띄어야 할 때도 첫째 칸을 채워 씁니다.

예1 (x)

은		창		아	래	에			단	단	히			박	혀
있	습	니	다	.		누	가			무	엇	을			걸
려	고			하	였	는	지			모	르	지	만	,		단
단	한			콘	크	리	벽	에			일			센	티	미

예2와 같은 경우도 '있습니다'를 쓸 때 첫째 칸을 비우면 안 됩니다. 이때 띄어쓰기 표시를 원고지 밖에 해도 됩니다.

예2 (0)

은		창		아	래	에			단	단	히			박	혀	v
있	습	니	다	.		누	가			무	엇	을			걸	려
고			하	였	는	지			모	르	지	만	,		단	단
한			콘	크	리	벽	에			일			센	티	미	터

이야기가 바뀌고(문단이 바뀌고) 다른 내용이 시작할 때에도 줄을
바꾸고 남은 칸은 비워두며(예3), 또 예4에서도 '내가 있는'을
쓸 때 첫째 칸을 비우고 둘째 칸부터 써야 맞습니다.

예3 (x)

수	평	보	다		조	금		위	쪽	으	로		기
울	어	져		있	는	데	,		나	는		반	듯	하
게		박	혀		있	습	니	다	.		내	가		있
는		방	은		살	림	집	이		아	니	고
오		층	짜	리		건	물	의		삼		층	에

예4 (0)

수	평	보	다		조	금		위	쪽	으	로		기
울	어	져		있	는	데	,		나	는		반	듯	하
게		박	혀		있	습	니	다	.				
	내	가		있	는		방	은		살	림	집	이
아	니	고		오		층	짜	리		건	물	의
삼		층	에		있	는		아	무		장	식	이

71

글을 읽고 다음에 예쁘게 따라 써 봅시다.

국어 가-98쪽

돈은 왜 만들었을까?

김성호

돈이 없어도 전혀 불편하지 않았던 시절이 있었어요. 우르르 몰려 다니며 짐승을 사냥해서 먹거나 나무 열매와 식물을 채집해서 먹으며 동굴에서 잠을 자던 원시 시대지요. 인류는 그런 생활을 무려 수만 년이나 해 왔답니다. 당연히 돈 같은 게 필요 없었지요.

하지만 농사를 짓기 시작하면서 상황은 달라졌어요. 그 전까지 인류는 뭔가를 만들어 내는 '생산 활동'을 하지 않았어요. 자연에 널려 있는 짐승과 식물을 거두어 이용하는 것만으로도 충분했으니까요.

처음에는 겨우겨우 먹고살 만큼만 농사를 지었어요. 그러다가 괭이나 쟁기 같은 농기구가 개발되고 농사 기술이 발전하면서 수확하는 곡식의 양도 늘어났지요. 가족이 먹고도 남을 만큼요. 이렇게 남은 생산물을 '잉여

72

생산'이라고 해요. 이제 인류는 남는 곡식을 어떻게 처리할까 조금은 행복한 고민에 빠지게 되었어요.

육천 년 전, 드디어 사람들은 저마다 남는 물건을 바꾸기 시작했어요. 물물 교환이 시작된 거예요.

하지만 물물 교환은 쉽지 않았어요. 쌀을 가져온 농부가 어부의 고등어와 맞바꾸려면 어부 역시 쌀을 원해야하잖아요? 그런데 어부가 원하는 것이 사냥꾼의 곰 가죽이라면 이 거래는 이루어질 수 없겠지요. 또 운 좋게 그런 상대방을 만나도 교환이 늘 순조롭지만은 않았어요.

"어부야, 고등어 한 마리랑 쌀 한 봉지랑 바꾸자."

"두 봉지는 줘야지."

그래서 인류는 물건의 가격을 매길 수 있는 제삼의 물건을 생각해 냈어요. 바로 돈이었지요. 기록에 전해지는 최초의 돈은 중국인들이 사용한 조개껍데기예요.

'애개, 그 흔한 조개껍데기를 돈으로 사용했단 말이야?'라고 생각하겠죠? 하지만 이 조개는 우리가 흔히 볼 수 있는 그런 조개가 아니라 더운 지방에서만 나는 '자안패'라는 귀한 조개였어요. 이 조개껍데기에 구멍을 뚫어 실을 꿰면 장신구가 되기도 했지요.

조개껍데기가 나지 않는 지역은 다른 물건을 돈으로 사용했어요.

초콜릿의 원료인 카카오가 많이 나는 남아메리카에서는 카카오 열매를, 소금이 풍부했던 아프리카와 지중해 지역에서는 소금을, 농경지역에서는 곡식과 옷감을, 가축이 재산이었던 유목민은 동물을 각각 돈으로 사용했어요. 이렇게 물건을 돈으로 사용하는 것을 '물품화폐' 또는 '상품 화폐'라고 해요.

글씨를 예쁘게 따라 써 봅시다.

돈은　왜

만들어졌을까?

돈이　없어도　전혀

불편하지　않았던　시

75

글씨를 예쁘게 따라 써 봅시다.

절	이		있	었	어	요	.		우	르
절	이		있	었	어	요	.		우	르
르		몰	려		다	니	며			짐
르		몰	려		다	니	며			짐
승	을		사	냥	해	서			먹	거
승	을		사	냥	해	서			먹	거
나		나	무		열	매	와			식
나		나	무		열	매	와			식
물	을		채	집	해	서			먹	으

76

물을 채집해서 먹으

며 동굴에서 잠을

자던 원시 시대지요.

인류는 그런 생활을

무려 수만 년이나

글씨를 예쁘게 따라 써 봅시다.

해 왔답니다. 당연히
해 왔답니다. 당연히

돈 같은 게 필요
돈 같은 게 필요

없었지요.
없었지요.

하지만 농사를 짓
하지만 농사를 짓

78

기 시작하면서 상황

은 달라졌어요. 그전

까지 인류는 뭔가를

만들어 내는 '생산

활동'을 하지 않았

글씨를 예쁘게 따라 써 봅시다.

활동'을 하지 않았

어요. 자연에 널려
어요. 자연에 널려

있는 짐승과 식물을
있는 짐승과 식물을

거두어 이용하는 것
거두어 이용하는 것

만으로도 충분했으니
만으로도 충분했으니

80

까요.

까요.

처음에는　겨우겨우

처음에는　겨우겨우

먹고살　만큼만　농사

먹고살　만큼만　농사

를　지었어요. 그러다

를　지었어요. 그러다

글씨를 예쁘게 따라 써 봅시다.

가		괭	이	나		쟁	기		같
가		괭	이	나		쟁	기		같
은		농	기	구	가		개	발	되
은		농	기	구	가		개	발	되
고		농	사		기	술	이		발
고		농	사		기	술	이		발
전	하	면	서		수	확	하	는	
전	하	면	서		수	확	하	는	
곡	식	의		양	도		늘	어	났

82

곡식의 양도 늘어났

지요. 가족이 먹고도
지요. 가족이 먹고도

남을 만큼요. 이렇게
남을 만큼요. 이렇게

남은 생산물을 '잉
남은 생산물을 '잉

여 생산' 이라고 해
여 생산' 이라고 해

요. 이제 인류는 남

느 곡식을 어떻게

처리할까 조금은 행

복한 고민에 빠지게

되었어요.

육천 년 전, 드디
육천 년 전, 드디

어 사람들은 저마다
어 사람들은 저마다

남는 물건을 바꾸기
남는 물건을 바꾸기

시작했어요. 물물 교

시작했어요. 물물 교

환이 시작된 거예요.
환이 시작된 거예요.

하지만 물물 교환
하지만 물물 교환

은 쉽지 않았어요.
은 쉽지 않았어요.

쌀을 가져온 농부가
쌀을 가져온 농부가

어부의 고등어와 맞

바꾸려면 어부 역시

쌀을 원해야 하잖아

요? 그런데 어부가

글씨를 예쁘게 따라 써 봅시다.

원	하	는		것	이		사	냥	꾼
원	하	는		것	이		사	냥	꾼

의		곰		가	죽	이	라	면	
의		곰		가	죽	이	라	면	

이		거	래	는		이	루	어	질
이		거	래	는		이	루	어	질

수		없	겠	지	요	.	또		운
수		없	겠	지	요	.	또		운

좋	게		그	런		상	대	방	을

88

좋게 그런 상대방을

만나도 교환이 늘
만나도 교환이 늘

순조롭지만은 않았어
순조롭지만은 않았어

요.
요.

"어부야, 고등어
"어부야, 고등어

89

글씨를 예쁘게 따라 써 봅시다.

한 마리랑 쌀 한
한 마리랑 쌀 한

봉지랑 바꾸자. ”
봉지랑 바꾸자. ”

“두 봉지는 줘야
“두 봉지는 줘야

지. ”
지. ”

90

그래서 인류는 물

그래서 인류는 물

건의 가격을 매길

건의 가격을 매길

수 있는 제삼의 물

수 있는 제삼의 물

건을 생각해 냈어요.

건을 생각해 냈어요.

바로 돈이었지요. 기

바로　돈이었지요 . 기

록에　전해지는　최초

록에　전해지는　최초

의　돈은　중국인들이

의　돈은　중국인들이

사용한　조개껍데기예

사용한　조개껍데기예

요 .

요 .

92

‘애걔, 그 흔한

조개껍데기를 돈으로

사용했단 말이야?’

라고 생각하겠죠?

93

하지만 이 조개는

우리가 흔히 볼 수

있는 그런 조개가

아니라 더운 지방에

서만 나는 '자안패'

94

서만 나는 '자안패'

라는 귀한 조개였어
요. 이 조개껍데기에
구멍을 뚫어 실을
꿰면 장신구가 되기

도　했지요.
도　했지요.

조개껍데기가　나지
조개껍데기가　나지

않는　지역은　다른
않는　지역은　다른

물건을　돈으로　사용
물건을　돈으로　사용

했어요.

초콜릿의 원료인

카카오가 많이 나는

남아메리카에서는 카

카오 열매를, 소금이

글씨를 예쁘게 따라 써 봅시다.

키오 열매를, 소금이

풍부했던 아프리카와
풍부했던 아프리카와

지중해 지역에서는
지중해 지역에서는

소금을, 농경지역에서
소금을, 농경지역에서

는 곡식과 옷감을,
는 곡식과 옷감을,

가축이 재산이었던

가축이 재산이었던

유목민은 동물을 각

유목민은 동물을 각

각 돈으로 사용했어

각 돈으로 사용했어

요. 이렇게 물건을

요. 이렇게 물건을

6. 끝칸 쓰기

낱말이 줄의 끝에서 끝나고 줄을 바꾸어 띄어쓰기 할 때도 첫째
칸은 채워씁니다.

예1 (x)

날		엄	마	,	아	빠	도		수	련	이	에	게
v	힘	을		불	어	넣	어		주	었	습	니	다	.
출	발	선	에		섰	을		때	,	같	은		반
v	친	구	인		재	혁	이	가		수	현	이	의
등	을		토	닥	이	며		싱	긋		웃	어

예2 (0)

날		엄	마	,	아	빠	도		수	련	이	에	게	v
힘	을		불	어	넣	어		주	었	습	니	다	.
출	발	선	에		섰	을		때	,	같	은		반	v
친	구	인		재	혁	이	가		수	현	이	의
등	을		토	닥	이	며		싱	긋		웃	어

줄의 끝에서 낱말이 끝나고 부호를 쓸 때는 부호를 원고지 밖에 쓰며, 다음 줄의 첫째 칸에는 쓰지 않습니다.

예3 (x)

	"	무	엇	을		하	는		사	람	들	일	까
?	"												

예4 (0)

	"	무	엇	을		하	는		사	람	들	일	까?"
	"	정	말	!	"								

예5 (x)

	"	남	쪽	으	로		창	이		나		있	어
!	"												

예6 (0)

	"	남	쪽	으	로		창	이		나		있	어!"

글을 읽고 다음에 예쁘게 따라 써 봅시다.

국어 가-120쪽

독도를 다녀와서

지난 방학 때 나는 가족과 함께 독도를 다녀왔다. 평소에 독도에 관심이 많아 독도에 대한 책도 읽고 사진도 여러 장 찾아보았다. 그런데 마침 아버지께서 독도를 다녀오자고 하셨다. 책이나 인터넷에서만 보던 독도를 직접 가 보는 것이 좋겠다고 생각했다.

우리는 울릉도에 가서 다시 독도로 가는 배를 탔다. 넓고 푸른 바다가 펼쳐졌다. 우리는 바다를 바라보며 독도에 대한 이야기를 나누었다. 한참을 지나 드디어 독도에 도착했다. 배에서 내려 독도에 발을 내딛는 순간 이상하게 가슴이 떨렸다. 수많은 괭이갈매기가 우리를 반겨 주었다.

독도에는 괭이갈매기뿐만 아니라 슴새, 바다제비 같은 텃새도 산다고 한다. 또 멧도요, 물수리, 노랑지빠귀들은 독도를 휴식처로 삼아 철마다 머물다 간다고 한다. 책에서만 보던 슴새나 바다제비를 직접보니 신기하기만

했다.

 독도는 화산섬이라서 식물이 잘 자라기 힘든 곳이다. 이러한 자연환경에서도 번행초, 괭이밥, 쇠비름 같은 풀이 잘 자란다고 한다.

 독도에서 동해를 바라보니 가슴이 탁 트이는 것 같았다. 우리나라 동쪽 끝 섬인 독도를 아끼고 독도에 관심을 가져야겠다고 생각했다.아름답고 생명력 넘치는 독도가 우리땅이라는 것이 아주 자랑스러웠다.

▲ 번행초   ▲ 괭이밥

✏️ 글씨를 예쁘게 따라 써 봅시다.

교과서 따라 쓰기 글은
'원지쓰는 법'에 따라 쓴
글입니다.

독도를 다녀와서
독도를 다녀와서

지난 방학 때 나
는

는 가족과 함께 독

도를 다녀왔다. 평소
평소

에 독도에 관심이

많아 독도에 대한

책도 읽고 사진도

여러 장 찾아보았다.

그런데 마침 아버지

그	런	데		마	침		아	버	지
께	서		독	도	를		다	녀	오
께	서		독	도	를	늘	다	녀	오
자	고		하	셨	다	.	책	이	나
자	고		하	셨	다	.	책	이	나
인	터	넷	에	서	만		보	던	
인	터	넷	에	서	만		보	던	
독	도	를		직	접		가		보
독	도	를		직	접		가		보

는　것이　좋겠다고

생각했다.

　우리는　울릉도에

가서　다시　독도로

107

가는 배를 탔다. 넓

가는 배를 탔다. 넓

고 푸른 바다가 펼

고 푸른 바다가 펼

쳐졌다. 우리는 바다

쳐졌다. 우리는 바다

를 바라보며 독도에

를 바라보며 독도에

대한 이야기를 나누

대한 이야기를 나누

었다. 한참을 지나

드디어 독도에 도착

했다. 배에서 내려

독도에 발을 내딛는

순간　이상하게　가슴

순간　이상하게　가슴

이　떨렸다.　수많은

이　떨렸다.　수많은

괭이갈매기가　우리를

괭이갈매기가　우리를

반겨　주었다.

반겨　주었다.

독도에는 괭이갈매

독도에는 괭이갈매

기쁜만 아니라 슴새,

기쁜만 아니라 슴새,

바다제비 같은 텃새

바다제비 같은 텃새

도 산다고 한다. 또

도 산다고 한다. 또

멧도요. 물수리, 노랑

글을 읽고 다음에 예쁘게 따라 써 봅시다.

국어나-202쪽

수아의 봉사 활동

고수산나

일요일 아침이라 더 자고 싶었는데 엄마가 깨웠다.

"수아야, 오늘이 무슨 요일인지 알지? 가족 봉사 활동 가기로 한 일요일이잖아. 얼른 일어나."

나는 다시 이불을 뒤집어썼지만 곧 엄마에게 빼앗기고 말았다.

우리 가족이 간 곳은 할머니, 할아버지들이 계시는 요양원이었다.

뭘 해야 할까 두리번거리고 있을 때 안경 쓴 할머니가 나에게 오라고 손짓을 했다.

"여기 책 좀 읽어 줄래? 내가 이래 봬도 예전에는 문학 소녀여서 책을 많이 읽었는데 요즘은 눈이 침침해서 글씨가 잘 안 보이는구나."

할머니는 낡은 책 한 권을 내미셨다. 다른 책이 없어서 같은 책만 스무 번을 넘게 읽으셨다고 했다.

할머니는 눈을 감고 책 읽는 내 목소리에 귀를 기울이
셨다.

　"할머니, 다음에 올 때 재미있는 책을 가지고 올게요."

　나는 할머니와 약속을 했다.

　일주일 뒤, 골라 놓은 동화책을 가지고 요양원에 갈 준
비를 했다.

　"수아야, 오늘은 안 가. 오늘은 엄마랑 아빠가 친척 결
혼식에 가야 해."

　나는 할머니와의 약속이 생각났다.

글씨를 예쁘게 따라 써 봅시다.

수아의 봉사 활동
수아의 봉사 활동

일요일 아침이라
일요일 아침이라

더 자고 싶었는데
더 자고 싶었는데

엄마가 깨웠다.
엄마가 깨웠다.

114

"수아야, 오늘이
"수아야, 오늘이

무슨 요일인지 알
무슨 요일인지 알

지? 가족 봉사
지? 가족 봉사

활동 가기로 한
활동 가기로 한

일요일이잖아. 얼른

✏️ 글씨를 예쁘게 따라 써 봅시다.

	일	요	일	이	잖	아	.		얼	른
	일	어	나	.	"					
	일	어	나	.	"					
	나	는		다	시		이	불	을	
	나	는		다	시		이	불	을	
뒤	집	어	썼	지	만		곧		엄	
뒤	집	어	썼	지	만		곧		엄	
마	에	게		빼	앗	기	고		말	
마	에	게		빼	앗	기	고		말	

았다.
았다.

우리 가족이 간
우리 가족이 간

곳은 할머니, 할아버
곳은 할머니, 할아버

지들이 계시는 요양
지들이 계시는 요양

원이 있었다.

원이 있었다.

뭘 해야 할까 두

뭘 해야 할까 두

리번거리고 있을 때

리번거리고 있을 때

안경 쓴 할머니가

안경 쓴 할머니가

나에게 오라고 손짓

나에게 오라고 손짓

을 했다.
을 했다.

"여기 책 좀 읽
"여기 책 좀 읽

어 줄래? 내가
어 줄래? 내가

이래 봬도 예전에
이래 봬도 예전에

| 는 | 문학소녀여서 |
| 는 | 문학소녀여서 |

| 책을 | 많이 | 읽었는 |
| 책을 | 많이 | 읽었는 |

| 데 | 요즘은 | 눈이 |
| 데 | 요즘은 | 눈이 |

| 침침해서 | 글씨가 |
| 침침해서 | 글씨가 |

잘 안 보이는구나."

잘 안 보이는구나."

할머니는 낡은 책

할머니는 낡은 책

한 권을 내미셨다.

한 권을 내미셨다.

다른 책이 없어서

다른 책이 없어서

같은 책만 스무 번

글씨를 예쁘게 따라 써 봅시다.

같	은		책	만		스	무		번
을		넘	게		읽	으	셨	다	고
을		넘	게		읽	으	셨	다	도
했	다	.							
했	다	.							
	할	머	니	는		눈	을		감
	할	머	니	는		눈	을		감
고		책		읽	는		내		목
고		책		읽	는		내		목

122

소리에 귀를 기울이
소리에 귀를 기울이

셨다.
셨다.

"할머니, 다음에
"할머니, 다음에

올 때 재미있는
올 때 재미있는

글씨를 예쁘게 따라 써 봅시다.

	책	을		가	지	고		올	
	책	을		가	지	고		올	
	게	요	.	"					
	게	요	.	"					
	나	는		할	머	니	와		약
	나	는		할	머	니	와		약
속	을		했	다	.				
속	을		했	다	.				
	일	주	일		뒤	,	골	라	

124

일주일 뒤, 골라

놓은 동화책을 가지
놓은 동화책을 가지

고 요양원에 갈 준
고 요양원에 갈 준

비를 했다.
비를 했다.

"수아야, 오늘은
"수아야, 오늘은

125

7. 대화 쓰기

대화는 전체를 한 칸 들여 씁니다. 따라서 대화와 설명하는 글이 섞여 있을 때는 설명하는 글은 다른 글과 같은 규칙을 따르며, 대화는 전체를 한 칸 들여써야 합니다.

예1 (O)

	정	말		이	틀	이		지	난		뒤	에
우	두	머	리		까	마	귀	가		찾	아	와 서
말	했	습	니	다	.							
	" 주	머	니	를		다		만	들	었	나	요?"
	" 여	기	,	다		만	들	어		두	었	단
다	. "											
	동	생	이		대	답	했	습	니	다	.	그 러
차		까	마	귀	는		땅	으	로		내	려 와
말	했	습	니	다	.							
	" 주	머	니	를		꼭		쥐	고	.	제	
	등	에		타	세	요	. "					

126

대화는 전체를 한 칸 들여 써야 하는데 예2의 글은 첫째
칸부터 썼으므로 잘못 쓰여졌습니다.

예2 (x)

	정	말		이	틀	이		지	난		뒤	에
우	두	머	리		까	마	귀	가		찾	아	와	서
말	했	습	니	다	.							

	"	주	머	니	를		다		만	들	었	나	요	? "
	"	여	기	,		다		만	들	어		두	었	단
다	.	"											

	동	생	이		대	답	했	습	니	다	.		그	러
자		까	마	귀	는		땅	으	로		내	려	와
말	했	습	니	다	.								

| | " | 주 | 머 | 니 | 를 | | 꼭 | | 쥐 | 고 | . | 제 | | 등 |
| 에 | | 타 | 세 | 요 | . | " | | | | | | | |

| | 동 | 생 | 이 | | 등 | | 위 | 에 | | 올 | 라 | 타 | 자 |
| 까 | 마 | 귀 | 는 | | 날 | 개 | 를 | | 펴 | 고 | | 훨 | 훨 |

2018 개편 국어 교과서

원고지 쓰기를 겸한
글씨 바로 쓰기 4-1

초판 발행 2018 년 4 월 15 일

글 편집부

펴낸이 서영희 | **펴낸곳** 와이 앤 엠

편집 임명아

본문 인쇄 신화 인쇄 | **제책** 세림 제책

제작 이윤식 | **마케팅** 강성태

주소 120-100 서울시 서대문구 홍은동 376-28

전화 (02)308-3891 | Fax (02)308-3892

E-mail yam3891@naver.com

등록 2007년 8월 29일 제312-2007-000040호

ISBN 978-89-93557-86-2 63710